LAS BALLENAS JOROBADAS

UNA HISTORIA DE MIGRACIÓN

amicus LEARNING

I0895298

por Lisa Amstutz • arte por Howard Gray

AMICUS ILLUSTRATED es una publicación
de Amicus Learning, un sello de Amcius
P.O. Box 227, Mankato, MN 56002
www.amicuspublishing.us

COPYRIGHT ©2026 Amicus. Derechos de autor internacionales reservados en todos los países. Prohibida la reproducción total o parcial de este libro sin permiso escrito del editor.

Editor: Alissa Thielges
Diseñadora de la serie: Kim Pfeffer
Diseñadora del libro: Emily Dietz

Library of Congress Cataloging-in-Publication Data
Names: Amstutz, Lisa J. author | Gray, Howard (Howard Willem Ian) illustrator
Title: Las ballenas jorobadas : una historia de migración / by Lisa Amstutz ; illustrated by Howard Gray.
Other titles: Humpback whales. Spanish
Description: Mankato, MN : Amicus Illustrated, [2026] | Series: Migraciones increíbles | Includes translation or is translation | Includes bibliographical references. | Audience term: juvenile | Audience: Ages 6-9 Amicus Learning | Audience: Grades 2-3 Amicus Learning | Summary: "Follow the incredible journey of a humpback whale's long-distance ocean migration in this narrative nonfiction picture book that will delight animal and nature lovers and support life science education. Translated into North American Spanish. Includes a migration map, tips to protect animals and habitats, and a glossary"— Provided by publisher.
Identifiers: LCCN 2024055801 (print) | LCCN 2024055802 (ebook) | ISBN 9798892006460 library binding | ISBN 9798892007061 paperback | ISBN 9798892007665 ebook
Subjects: LCSH: Humpback whale—Juvenile literature | Humpback whale—Migration—Juvenile literature
Classification: LCC QL737.C424 A6518 2026 (print) | LCC QL737.C424 (ebook) | DDC 599.5/25—dc23/eng/20250209

Sobre la autora

Lisa Amstutz es autora de más de 150 libros infantiles. Antigua educadora al aire libre, es licenciada en biología y ciencias medioambientales. Lisa disfruta aprendiendo cosas divertidas sobre ciencia y compartiéndolas con los niños. Vive en una pequeña granja con su familia.

Acerca del ilustrador

Howard Gray ha ilustrado una selección de libros infantiles de ficción y de no ficción. Siempre se ha considerado un artista, pero con un doctorado en genética de delfines, tiene formación en zoología. Ahora persigue su carrera soñada en la ilustración infantil desde la pintoresca ciudad de Durham (Reino Unido). Más información en www.howardgrayillustrations.com.

Es otoño en Alaska. Una ballena jorobada está de caza. Traga millones de krill para prepararse para su viaje de 3.000 milla (4.800 kilómetros). Debe nadar hasta sus zonas de cría cerca de Hawai.

Alimentarse es un trabajo a tiempo completo para la ballena. Ella sopla una pared de burbujas. Atrapa peces pequeños. Se lanza a través de las burbujas con la boca abierta. Su gran lengua empuja el agua hacia afuera.

Unas placas de barbas mantienen el pescado en su boca. Come hasta 3.000 libras (1.360 kilogramos) de alimento al día. Almacena energía extra en su grasa para el largo viaje.

El agua se enfría a medida que se acerca el invierno. La comida es más difícil de encontrar en el helado mar polar. Es hora de que la ballena emigre.

Se reúne con una o dos ballenas más. La manada comienza a nadar hacia el ecuador. El viaje durará un mes o más.

La manada nada lentamente. Se llaman unas a otras. Las ballenas golpean el agua con la cola y las aletas. No hacen paradas para comer. Nadan sin parar. Recorren hasta 100 millas (161 km) al día.

¡Zumbido! Un motor zumba. El ruido dificulta que las ballenas se oigan entre sí. Y ¡cuidado! Los barcos pueden chocar con las ballenas y matarlas. Por suerte, este no las alcanza.

En el mar también acechan otros peligros. Las ballenas jorobadas se enredan en las redes de pesca. Las orcas y los tiburones también las cazan.

Algunos peligros son más difíciles de ver. Pequeños trozos de plástico flotan en el océano. El krill se traga estos microplásticos. La ballena se come el krill. El plástico puede llenar su estómago. Su comida puede tener menos nutrientes.

En diciembre, la ballena llega a Hawai. El agua es más cálida aquí. Ella escucha el canto de las jorobadas macho. Sus cantos pueden durar media hora. Pueden oírse a 20 millas (32 kilómetros) de distancia. Los machos saltan, salpican y pelean.

Pero la hembra no está buscando pareja este año. Ella tiene otro trabajo que hacer.

La ballena va a aguas poco profundas. Con un gran empujón, nace su cría. Mide 15 pies (4,6 metros) de largo. Pesa 1.500 libras (680 kilogramos). La empuja a la superficie para que respire.

La cría se amamanta de su madre. Su leche es rica en grasa. La cría crece rápido. Debe ser lo bastante fuerte para volver a casa.

La ballena cuida bien de su cría. Lo alimenta y lo mantiene a salvo. Pero deben encontrar comida pronto. No hay mucho que comer aquí. En abril, comienzan su largo viaje a casa. Madre y cría se mantienen juntas. Se tocan las aletas a menudo. Se llaman suavemente.

En mayo, llegan a aguas polares. La ballena enseña a su cría a buscar comida. Pronto podrá cazar por su cuenta. Pero ella se quedará cerca hasta el próximo año. Entonces harán el largo viaje hacia el sur . . .

juntos.

MIGRACIÓN DE LAS BALLENAS JOROBADAS

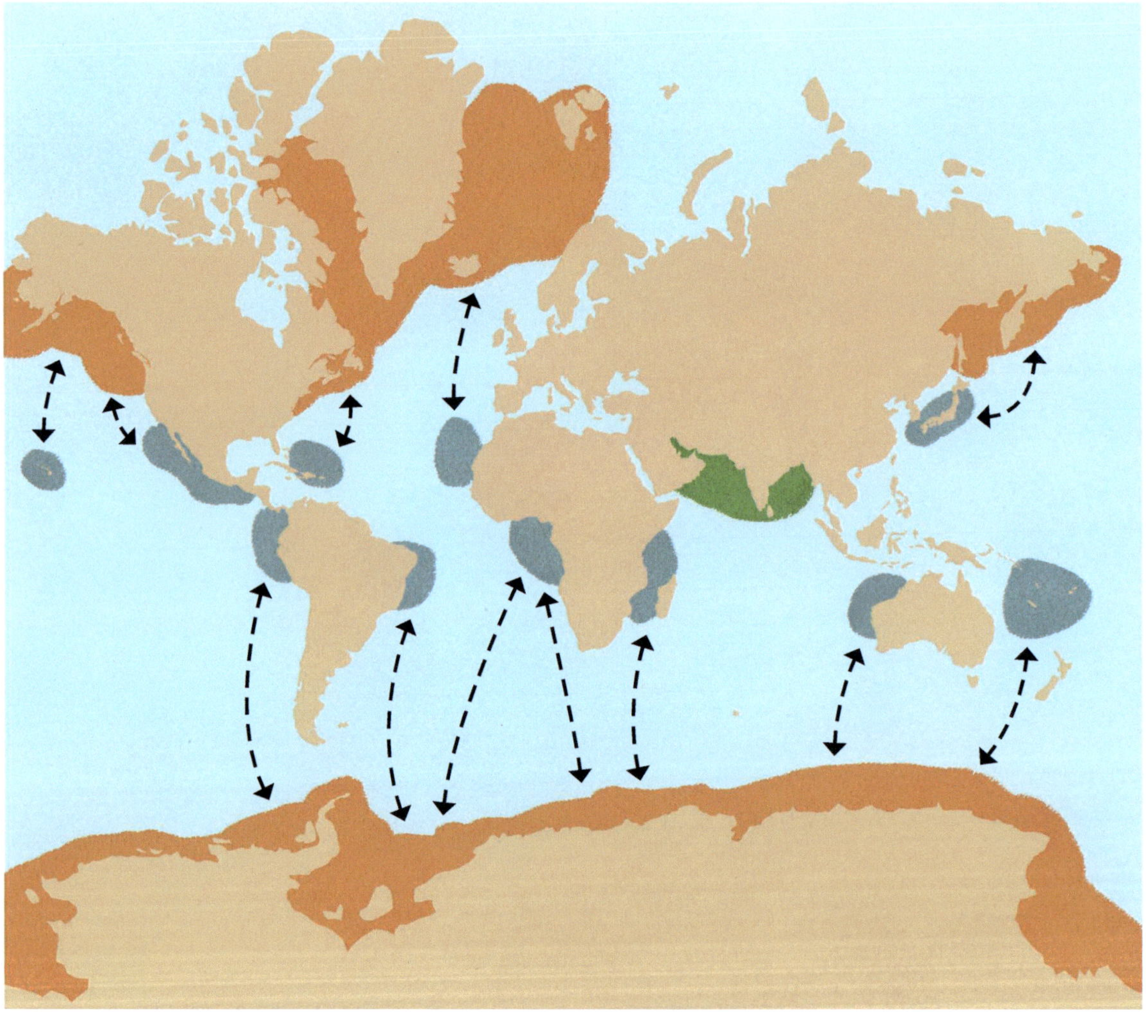

■ Área de reproducción

■ Área de distribución no reproductora

←→ Rutas migratorias

■ No migrante

¿CÓMO PUEDO AYUDAR A LAS BALLENAS JOROBADAS?

Los plásticos en el océano suponen una gran amenaza para las ballenas. Así puedes ayudar.

- Compra artículos con menos embalaje.
- Elige productos que puedan reciclarse o compostarse.
- No tires basura. La basura puede llegar a los cursos de agua y acabar en el océano.
- Lleva bolsas reutilizables a la tienda para llevar tus artículos a casa.
- Participa en la limpieza de un río o una playa.

Glosario

barbas Placas que cuelgan de la mandíbula superior de una ballena para filtrar las presas del agua.

ecuador Línea imaginaria que rodea el centro de la tierra.

grasa Gruesa capa de grasa de un mamífero marino.

krill Pequeños animales parecidos a las gambas que viven en el océano.

microplástico Un trozo diminuto de plástico.

migrar Desplazarse de un lugar a otro para reproducirse o encontrar alimento.

nutriente Sustancia presente en los alimentos que el cuerpo necesita para crecer.

pareja El compañero masculino o femenino de una pareja de animales.

zona de cría terreno Zona donde se reúnen los animales para encontrar pareja y criar a sus hijos.